# William Berton

## Die Farben deines Lebens

AF220995

William Berton

# Die Farben deines Lebens

## Die Energie der Farben verstehen – sich selbst erkennen

80 Farbkarten mit Handbuch

SILBERSCHNUR VERLAG

Copyright © der Originalausgabe »Couleur Energie« by William Berton
Copyright © der deutschen Ausgabe: Verlag »Die Silberschnur« GmbH, er-
schienen 1995 unter dem Titel »Colores. Die Spiele der Farbenergie« und
2007 unter dem Titel »Farbe bekennen. Ein psychologisches Entdeckungsspiel
mit 80 Farbkarten«.

ISBN: 978-3-89845-635-7

1. überarbeitete Auflage 2019

Gestaltung & Satz: XPresentation, Güllesheim; unter Verwendung eines
Motivs von © IROOM STOCK; www.shutterstock.com
Druck: Finidr, s.r.o. Cesky Tesin

Verlag »Die Silberschnur« GmbH
Steinstraße 1 · D-56593 Güllesheim
www.silberschnur.de · E-Mail: info@silberschnur.de

# – Inhalt –

# – I –

# Der Umgang mit dem Farbenspiel

# Ein neuartiges Spiel

Man kann auf verschiedene Weise mit sich selbst kommunizieren. In diesem neuartigen, auf der Symbolik der Farben aufgebauten Spiel geht es um die Selbsterkenntnis, also um die Kommunikation mit seinem eigenen Ich. Dank dieser einmaligen Karten werden Sie sich selbst mehr als einen Schritt näher kommen!

Dieses Farbenspiel ist daher kein divinatorisches Orakel, es trifft weder Voraussagen noch kündigt es irgendwelche Vorkommnisse an. Stattdessen bietet es Ihnen die Möglichkeit, mit Hilfe von Farbkarten den Weg des Bewusstseins, Ihres Bewusstseins zurückzuverfolgen – denn jede Farbe spiegelt einen inneren Zustand wider, dem sie so auf die Spur kommen können.

Wenn Sie mit den Farben spielen, werden Sie verstehen, dass es nicht darum geht, etwas zu entwickeln, sondern vielmehr darum, zu beobachten, zu verstehen, zu analysieren, wo Sie gerade stehen. Wir befinden uns jederzeit an einem bestimmten Punkt unserer Entwicklung, nur müssen wir lernen, uns dessen bewusst zu werden, um angemessen reagieren zu können.

# Die Kraft der Gedanken

Eines der Geheimnisse des Lebens besteht darin, sich selbst oder etwas zu erschaffen. Wir erschaffen in dem Maße, in dem wir an etwas glauben. Wenn wir davon überzeugt sind, dass etwas geschehen könnte (ungeachtet dessen, ob es sich um etwas Positives oder um etwas Negatives handelt), werden wir im Allgemeinen feststellen, dass dies tatsächlich eintritt, weil wir eben fest daran glauben und unser Denken in diese Richtung lenken – und damit die Energie, die uns immer umgibt. Wir sollten daher lernen, eine Auslese zu treffen zwischen den Gedanken, die uns aufbauen, und den Gedanken, die uns schaden. Das vorliegende Farbkartenspiel nun ist ein ideales und leicht zu handhabendes Werkzeug, um genau dieses Unterscheidungsvermögen zu erlangen, da es offenlegt, wie es um Ihre Gedankenwelt bestellt ist.

# Die Botschaft der Farben

Jenseits von Worten wird jeder Farbe eine symbolische Aussage zugeordnet. Sie selbst bevorzugen wahrscheinlich bestimmte Farben, was Ihre Wohnungseinrichtung und Objekte im Allgemeinen betrifft oder was die Kleidung angeht, die Sie und andere tragen. Was Ihnen aber vielleicht bisher nicht bewusst war: Jede dieser Farben übermittelt eine Botschaft. Kennen Sie die Bedeutung der Farben?

Wenn Sie zum Beispiel ein sandfarbenes Zimmer betreten, vermittelt Ihnen die Atmosphäre, die die Farbe schafft, Frieden und Ruhe. Hellblau lädt zum Schweigen ein, ihre Anwesenheit erschwert es, Worte zu finden. Braun ist eine Farbe, die schwer auf der Seele lastet und in die Vergangenheit zurückführt. Schwarz erlaubt es uns, all das in Angriff zu nehmen, was uns Angst macht, ist aber gleichzeitig auch ein Zeichen der Trennung, der Isolation, der Individuation, insbesondere wenn die Farbe bewusst als Kleidungsfarbe gewählt wird.

Die Sprache der Farben spricht unsere intuitive Seite an, denn niemand kann logisch oder rational erklären, warum er diese oder jene Farbe mag oder, im Gegenteil, sie nicht ertragen kann ...

Farben haben also eine nonverbale Botschaft, die Sie allerdings keineswegs versuchen sollten, intellektuell zu verstehen. In diesem Spiel geht es nur um diese emotionale Wirkung der einzelnen Farben, die Sie auf sich wirken lassen sollen, statt sie zu analysieren.

# Ein doppeltes Spiel

Nehmen Sie nun Ihre Farbkarten in die Hand: Sie sehen sofort, dass Sie zwei große Karten in der Hand haben und daneben eine Menge kleiner Karten in der Schachtel vorfinden.

Die beiden größeren Karten sind nur Farbgebungskarten, die es Ihnen erlauben sollen, die genaue Farbe der gezogenen Karte herauszufinden, denn es ist anfangs bei den 39 verschiedenen Farben nicht immer einfach, zwischen einer »jungen«, »frischen« und »reifen« Farbe zu unterscheiden. Hier helfen Ihnen diese beiden Übersichtskarten.

Ansonsten haben Sie ein Kartenset mit 39 Farben mit einem roten Rücken – und genau dieselben Farbkarten in gleicher Anzahl mit einem goldenen Rücken. Dieses neue Farbenspiel ist nämlich im Grunde ein doppeltes Spiel: »Rot« und »Gold«.

Die Spiele unterscheiden sich in der Auswahl der Ziehung und der Art der gestellten Fragen. Wenn Sie mit einer anderen Person spielen wollen, kann auch jeder Spieler sein eigenes Spiel benutzen, da ja die Farbkarten identisch sind.

Vereinfacht kann man sagen, dass das »rote Spiel« alle Fragen sofort, klar und konkret beantwortet; seine Sprache ist die der Aktion. Die Antworten des »goldenen Spiels« sind dagegen subtiler und bewusst spirituell; sie erleichtern das Nachdenken und führen so zu einer Verinnerlichung.

## Die Frage des Zufalls

Wenn Sie eine Karte nehmen, ist die gezogene Karte immer die richtige!
Das Prinzip der Kartenziehung beruht auf der Tatsache, dass es keinen Zufall gibt. Dies mag Sie ein

wenig verwundern, aber machen Sie doch hierzu Ihre eigenen Erfahrungen!

Sie brauchen sich bei diesem Farbenspiel an kein bestimmtes System zu halten, wie z. B. nur mit der rechten oder nur mit der linken Hand die Karten abzuheben! Handhaben Sie es so, wie Sie gerade Lust haben und wie es sich richtig anfühlt für Sie persönlich!

# Die Dynamik des Kartenziehens

Sie suchen die Antwort auf eine Frage?

Die Karten liegen mit dem roten oder goldenen Rücken nach oben vor Ihnen. Ziehen Sie einfach eine Karte – und schon haben Sie eine treffende Antwort! Jede gezogene Farbkarte verrät Ihnen zuverlässig, was im tiefsten Inneren Ihres Wesens eingeschrieben ist: die Art, wie Sie Ereignisse erleben können; woran Sie glauben; woran es Ihnen mangelt; was Ihre Handlungen und Gedanken auslösen können usw.

# Grundprinzipien des Kartenziehens

Nehmen Sie alle Karten aus der Schachtel, legen Sie die beiden großen Farbskalakarten beiseite und decken Sie die kleinen Karten vor sich auf. Machen Sie sich mit den Farben der Karten und dann mit deren Entsprechung auf den Farbskalakarten vertraut, bevor Sie beginnen.

Ziehen Sie nun eine Karte, die die Antwort auf Ihre Frage enthält. Merken Sie sich diese Farbe oder, noch besser, notieren Sie sie mit Ihrer Frage in einem extra dafür angelegten Heft. Sie werden sich später freuen, Ergebnisse früherer Ziehungen wiederzufinden, insbesondere wenn es sich um für Sie wichtige Daten oder Ereignisse handelt.

Kontrollieren Sie im Zweifelsfall anhand der Farbskalakarten die genaue Bezeichnung der Farbe. Achten Sie darauf, dass Ihnen beim Farbenvergleich eine ausreichend helle Beleuchtung zur Verfügung steht, da sich der Farbton bei unzureichender Beleuchtung ändern kann und die Farben nicht immer leicht zu erkennen sind.

Sobald Sie die Farbe der gezogenen Karte also klar definiert haben, schlagen Sie die Farbdefinition auf und lesen die angegebenen Anweisungen und Bemerkungen nach. Lesen Sie die Schlüsselsätze, und fragen Sie sich innerlich, welcher oder welche davon in Ihnen das größte Echo hervorrufen. Dies ist Ihre Antwort! Greifen Sie nun die Antwort auf, die Ihnen die Karte nahelegt, und formulieren Sie diese mit Ihren eigenen Worten.

Wenn Sie mit den Karten spielen und so Ereignisse Ihres Lebens zu beleuchten lernen, werden Sie mit der Zeit automatisch ein Verständnis für die »Lichtsprache« der Farbkarten entwickeln.

Die von den Farben suggerierten Informationen versetzen Sie nach und nach in die Lage, die richtigen Antworten unter den Schlüsselbegriffen mit Ihrem inneren Empfinden wahrzunehmen, das Sie diese als wahr erspüren lässt. Diese Dynamik der Entschlüsselung kann in Ihnen eine Emotion aufsteigen lassen, eine Art Vorahnung, zu der Sie allerdings nicht unbedingt eine sofortige Beziehung herstellen können. Nach drei oder vier Kartenziehungen werden Sie indes beginnen, in die Dynamik der Farben einzutauchen.

# Welche Fragen
# können Sie stellen?

Egal, ob Sie Ihre Antworten durch das Ziehen einer Karte suchen oder ob Sie diese mittels zwei, drei, vier, sieben oder zwölf Karten erfahren wollen: Es handelt sich hierbei um präzise Ziehungen, die in jedem Fall zufriedenstellende Antworten liefern.

Bevor Sie Ihre Karte oder Ihre Karten ziehen, bereiten Sie sorgfältig Ihre Frage vor (sprechen Sie sie möglichst mit lauter Stimme aus) und wählen Sie erst dann Ihre Karten aus. Sollten Sie über eine Antwort »enttäuscht« sein, dann hat dies nichts mit den Karten selbst zu tun, sondern ist eher auf Ihre eigene »Verwirrung« zurückzuführen, wodurch Sie eine unklare oder schlechte Frage gestellt haben. Eine gute Frage ist klar und präzise gestellt und erscheint Ihnen auch einleuchtend.

Wenn Sie selbst die Karten ziehen, betrifft auch jede Antwort Sie selbst, ungeachtet dessen, wie die Frage formuliert war, denn die Karten führen Sie zu sich selbst zurück.

Wenn jedoch eine andere Person zur selben oder zu einer anderen Fragestellung an Ihrer Stelle die Karten zieht, so trifft die Antwort, auch wenn sie ganz verschieden ist von dem, was Sie selbst gefunden hatten, trotzdem auf Sie zu, da Sie der Fragesteller sind.

# Ja oder Nein

Bei vielen Fragen, die Sie stellen mögen, geht es um ein Problem der Wahl: »Soll ich das oder das tun? Soll ich die oder die Person treffen?« Usw. Eine Frage, auf die Sie ein klares »Ja« oder ein »Nein« erwarten, kann dieses Spiel aber prinzipiell nicht beantworten.

Da es sich hier jedoch um ein doppeltes Spiel handelt, können Sie in einem solchen Fall folgendermaßen vorgehen:

Sie stellen zum Beispiel die Frage: »Sollte ich zu diesem Treffen gehen?«

Eine Karte des roten Spiels zeigt Ihnen an, was Sie erleben können, wenn Sie zu diesem Treffen gehen – die Antwort wäre also »Ja«. Ziehen Sie nun eine Karte des goldenen Spiels und Sie werden erfahren, was Sie erwatet, wenn Sie nicht hingehen, also »Nein«.

Bei einer solchen Frage ist es besser, sie einfach anders neu zu formulieren, zum Beispiel so: »Was bringt mir dieses Treffen in beruflicher Hinsicht?« Oder: »Was kann dieses Treffen mir gefühlsmäßig bringen?«

## Kann ich mehrmals dieselbe Frage stellen?

Es ist nicht ratsam, dieselbe Ziehung mehrmals durchzuführen. Stellen Sie sich das Gesicht Ihres Lehrers vor, dem Sie mehrmals nacheinander dieselbe Frage stellen!

Das Spiel kennt keine Kompromisse. Akzeptieren Sie seine Antwort, selbst wenn sie Ihnen missfällt oder Sie zutiefst beunruhigt. Wenn eine Antwort Sie nicht zufriedenstellt, so formulieren Sie die Frage anders, ohne dass dies jedoch einer strategischen Flucht oder Ablehnung der vorherigen Antwort gleichkommt!

Mit jeder Kartenziehung erhalten Sie die bestmögliche Antwort. Nehmen Sie sich Zeit zu lernen, wie Sie diese Antwort am besten in sich aufnehmen können. Wenn Sie versucht sind, eine angebotene Antwort zu übersehen oder zurückzuweisen, so analysieren Sie Ihre Ungeduld beim Verständnis dieser Antwort oder Ihre Schwierigkeit, diese als solche anzunehmen!

# – II –

# Die Bedeutung der Farben

# Die Bedeutung der Farben

Jeder Farbe sind mehrere Begleitbegriffe zugeordnet, die Ihnen beim Entschlüsseln der Antwortfarbe das Verstehen und die Interpretation der Situationen erleichtern sollen.

Nachfolgend sind die 39 Farben in drei Kategorien aufgelistet, die Sie zum Verständnis der neuen Sprache, der »Sprache des Lichts«, benötigen.

## ♦ Menschliche Farben

Einundzwanzig Farben stellen die verschiedenen Facetten der menschlichen Psyche dar; sie entsprechen den Farben des Regenbogens: Rot, Orange, Gelb, Grün, Blau, Indigo und Violett, wobei jeweils zwischen den Farbintensitäten »jung«, »frisch« und »reif« unterschieden wird.

## ♦ Umwandlungsfarben

Elf Farben gehören zu den Erfahrungen, die Sie auf dem Weg der Transformation machen: Weiß, Hellgrau, Mausgrau, Schwarz, Dunkelpurpur, Braun, Khaki, Rosa, Fuchsia, Granat und Türkis.

## ♦ Friedensfarben

Sieben Farben entsprechen den Haltungen der Dankbarkeit, der Gnade und des tiefen Friedens. Es handelt sich um die Farben Sand, Kupfer, Silber, Gold, Regenbogenfarben, Transparent und Lila.

* * *

# 1 – Die menschlichen Farben

Bei einer hier als »frisch« bezeichneten Farbnuance ist alles frei von Mehrdeutigkeit, es gibt auch weder Überfluss noch Mangel. Die »junge« Farbnuance ist jeweils die unbedeutendere, zweitrangigere Ausdrucksweise der Farbe, während die Farbnuance »reif« dem lebhaften, überströmenden Ausdruck der Farbe entspricht.

## ♦ Rot

Rot ist die Farbe der Sicherheit. Der »junge« Mensch zeigt das Bedürfnis nach einer Mutter, die das Minimum an Lebensnotwendigem für ihn erledigt. Beim »frischen« Farbton weiß man sich selbst zu helfen, braucht also die anderen nicht, und beim »reifen« Farbton ist man in der Lage, anderen zu helfen, Verantwortung zu übernehmen.

## Junges Rot

- Beginn im Kleinsten.

- Ausgangspunkt.

- Bedürfnis nach Hilfe.

- Sicherung des äußersten Existenzminimums.

- Einsamkeit nach und nach selbst in die Hand nehmen (dies ist erlernbar!).
- Suche nach Beweisen, nach Stärkung und nach Sicherheit.
- Häufiger Energiemangel.
- Bedürfnis nach einer Mutter.

## Frisches Rot

- Sich selbst an die Hand nehmen.
- Fähigkeit, sich zu helfen zu wissen.
- Fähigkeit, alleine zu sein.
- Sich auf sich selbst verlassen.
- Alles Tun hat Hand und Fuß.
- Mit Konkretem leicht zurechtkommen.
- Energiegeladen.
- Gefühl der Sicherheit.
- Arbeitsfreudig.
- Eigenständig, »seine eigene Mutter« sein.

## Reifes Rot

- Vertrauen zu Mutter Erde
- Die erreichte Sicherheit erlaubt es, »seine Koffer abzustellen«.
- Es gibt nichts zu befürchten: Alles ist solide und dauerhaft!
- Für die anderen eine gute Mutter sein.
- Andere können sich auf einen verlassen.
- Fähigkeit, ein Projekt zu Ende zu bringen.
- Existieren.
- Unbeweglich sein.
- Verwurzelt sein.
- Eine gewisse Trägheit ausprobieren.
- Alles, was äußerst konkret ist.

## ♦ Orange

Orange drückt die Fähigkeit aus, sich spontan einem aufkommenden Wunsch hinzugeben. Der »junge« Orangeton wagt nicht, spontan zu leben – oder es fehlt zumindest der Wunsch dazu. Der »frische« Farbton stützt sich auf die Lust des Augenblicks. Beim »reifen« Farbton ist die Lust so stark angewachsen, dass sie zur Leidenschaft wird.

## Junges Orange

- Der Sinn fürs Spiel.

- Das Kind in uns erwacht. Man beginnt allmählich, sich zu amüsieren.

- Sich von Zeit zu Zeit eine kleine Freude machen, ohne zu übertreiben.

- Angst vor der eigenen Libido.

- Nicht wagen, sein Verlangen offen zu zeigen und seine Körpertriebe auszuleben.

- Sich in Bewegung setzen.

- Eine »Frustration« aufrechterhalten.

## Frisches Orange

- Lebensfreude und Spontaneität.
- Man erfindet neue Spiele, um alle Formen des Vergnügens auszuprobieren.
- Energie, die zur Reaktion zwingt.
- Die kreative Veranlagung führt leicht von einer Idee zur anderen.
- Bewegungsfreude.
- Physische Anziehungskraft.
- Sexualakt.
- Freuden der Tafel und des Körpers.
- Fruchtbarkeit.

## Reifes Orange

- Sinn nach Feiern.
- Mit unbeschwertem und leichtem Lachen mit dem Leben kokettieren.
- Das Leben leidenschaftlich auskosten und von starken Gefühlen leben.

- Sich überrascht zeigen über sehr impulsives und grenzenloses Reagieren,
- ohne Zurückhaltung.
- An Ideen fehlt es nicht.
- Sich physisch verausgaben.
- Risiko- und Provokationsfreude.
- Zorn und körperliche Gebrechen.
- Anzeichen einer baldigen Schwangerschaft.

## ◆ Gelb

Diese Farbe symbolisiert das Selbstwertgefühl. Beim »jungen« Farbton nehmen Sie sich andere zum Vorbild. Beim »frischen« Farbton haben Sie ein gesundes Selbstwertgefühl. Beim »reifen« Farbton sind nicht nur Sie selbst, sondern auch andere von Ihren Qualitäten überzeugt.

## Junges Gelb:

- Auf der Suche nach der eigenen Identität.
- Wenig wagemutig; beeinflussbar.
- Schüchtern und nicht sehr unternehmungslustig.
- Mangel an Selbstvertrauen.
- Das Bedürfnis, richtig zu handeln, um gut angesehen zu werden oder aus Angst vor dem Urteil anderer.
- Angst, sich durchzusetzen.
- Abhängigkeit von der Meinung anderer, um sich gut zu fühlen.
- Bedürfnis nach Anerkennung, um seinen Platz einzunehmen.
- Überlässt seinen Platz anderen.
- Verständnisschwierigkeiten.
- Bescheidenheit.

## Frisches Gelb:

- Selbstvertrauen und Selbstachtung.
- Selbstsicherheit, ohne zu zögern wird ein Standpunkt vertreten.
- Fähig zu Logik und Vernunft.
- Gute geistige Fähigkeiten.
- Beflügelung durch Vergleiche mit anderen.
- »Jedes Ding zu seiner Zeit.«
- Seinen Lebensunterhalt gut verdienen!
- Vernünftig und arbeitsam.
- Solide Projekte ausführen.
- Sinn für das Schöne, das gut gemacht ist.

## Reifes Gelb:

- Vernunft und Bereitwilligkeit.
- Solide Struktur.
- Sesshaftigkeit.
- Dank Arbeit und Organisation wird der eigene Lebensraum völlig ausgefüllt.

- Anerkennung und Ehrung.
- Finanziell gut gestellt und gesellschaftlicher Erfolg.
- In Zusammenhängen denken, Organisationstalent.
- Argumentationsfreudig und schlagfertig.
- Sich seine geliebte Bequemlichkeit ermöglichen.
- Erinnerungsvermögen.

## ◆ Grün

Grün ist die Farbe der Beziehungsfähigkeit. Das »junge« Grün spricht von Kumpeln, das »frische« Grün von Freunden, das »reife« Grün von »Brüdern«.

## Junges Grün:

- Sensibilität, Öffnung.
- Hingerissen sein.

- Leichtigkeit, jung im Denken, offen für alles Schöne.
- Schnell verliebt in etwas oder jemanden.
- Auf der Suche nach einer festen Beziehung, um ein Lebensgefühl zu verspüren.
- Die Unbeständigkeit der Öffnung.
- Geben ist besser als nehmen.
- Schnell von etwas getroffen fehlt der Mut, Gefühle zu zeigen.
- Kumpelhafte Liebe für alle und jeden … ein wenig.

## Frisches Grün:

- Liebe, Familie, Beziehung.
- Paar, gegenseitige Gefühle.
- Eine Beziehung schnell aufbauen.
- Gastfreundlichkeit, Freundschaft, Teilen.
- Das Leben so lieben, wie es ist.
- Gute Freunde.

- Das Vertrauen anderer erwecken, da Geheimnisse bewahrt werden.
- Unmotivierte Handlung.

## Reifes Grün:

- Tiefe und Stärke.
- Sinn für menschliche Werte.
- Ruhige und stille Natur.
- Offenheit in allen Umständen.
- Sehr großzügig, mit einem reinen Herz.
- Beständig in der Liebe, Harmonie.
- Stilles Mitgefühl.
- Offen für den anderen – ohne Forderung, ohne Erwartung, ohne Werturteil.
- Gespür für die menschlichen Werte.
- In diesem Umfeld herrscht Öffnung und Entfaltung.

## ◆ Blau

Das »junge« Blau wagt nicht, aus sich herauszugehen, das »frische« Blau geht aus sich heraus oder lernt, dies Schritt für Schritt zu tun. Das »reife« Blau weiß, was gerade getan wurde. Blau ist in diesem Sinne aktives Handeln.

## Junges Blau:

- Ehrlich, ohne viele Worte, um niemanden zu kränken oder zu verärgern.
- Sprechen ist eine Kunst, der Sie sich nur mäßig zu bedienen wissen.
- Das Unausgesprochene.
- Sehr wenig reden.
- Gedanken keinen Ausdruck verleihen können.
- Nur wenig auf einmal aufnehmen können.
- Ungeahnte intuitive Wahrnehmungen.
- Lieber zuhören, als das Wort zu ergreifen.

## Frisches Blau:

- Leichtigkeit, sich auszudrücken.
- Kein Problem, das Wort zu ergreifen.
- Authentisch, aufmerksamer Zuhörer.
- Intuitiv und inspiriert, innovativ und kreativ.
- Konkrete Verwirklichung von Ideen.
- Notwendigkeit, der Intuition zu vertrauen!
- Fähig zu reden, aufzunehmen und zu schaffen.
- Einen Weg wie eine Stimme finden.

## Reifes Blau:

- »So wahr.«
- Sehr kommunikationsfreudig und redegewandt.
- Von bemerkenswerter Intuition, ungezwungen und klar.
- Im rechten Moment am richtigen Ort sein und in Hülle und Fülle empfangen.
- Sich handeln lassen.

- Instabilität und Verletzbarkeit des Künstlers, der seine Kunst beherrscht.

- Opportunist, weiß, seine Chance wahrzunehmen.

- Starker Schaffensdrang.

## ♦ Indigo

Dies ist die Farbe des Bewusstseins. Beim »jungen« Farbton erkennen Sie Ihren Wunsch, sich selbst in Frage zu stellen, mit dem Ziel, am Ende nicht mehr zu wissen, wie Sie dies anstellen sollen. Beim »frischen« Indigo arbeiten Sie entsprechend den Gegebenheiten an sich selbst. Beim »reifen« Indigo wissen Sie, was Sie erwartet.

## Junges Indigo:

- Bewusstwerdung.

- Zugang zu einer anderen, bisher nicht gekannten Wirklichkeit.

- Sich hinterfragen.
- Die Infragestellung, die Verwirrung verursacht.
- Unbedingt Abstand nehmen.
- Verlangen, an der persönlichen Entwicklung zu arbeiten, um sich so besser kennenzulernen.
- Schwierigkeit, Verantwortung zu übernehmen.
- Mangel an Aufmerksamkeit.

## Frisches Indigo:

- Glaube.
- Selbstbewusstsein.
- Leben im Hier und Jetzt.
- Das, woran man glaubt.
- Es gibt keinen Zufall.
- Der andere ist unser Spiegel.
- Gespür für Selbsterkenntnis.
- Bewusstwerdung seiner Verantwortung.

- Jede Begegnung und jede Erfahrung spiegelt einen Teil des Ichs wider, dem man ohne Furcht zu begegnen bereit ist.

## Reifes Indigo:

- Die Gewissheit.
- Bewusstsein, bewusst zu sein.
- Etwas »wissen«, ohne dass man es lernen musste.
- Die Kraft des Gedankens.
- Wünsche werden wahr.
- »Zentriert« sein.
- Sich selbst kennen.
- Die Welt mittels anderer Bewusstseinszustände wahrnehmen: außersinnliche Wahrnehmung, Hellsehen, Hellhören ...
- Das Göttliche wiederfinden: Freudentränen.

# ♦ Violett

Dies ist die Farbe der Führungsqualität. Beim »jungen« Farbton leiden Sie darunter, alles selbst in die Hand nehmen zu müssen; Sie benötigen eine Autorität, der Sie folgen können. Beim »frischen« Farbton lieben Sie es, Ihre Geschicke selbst zu steuern; Sie lernen dies durch die Anforderungen der jetzigen Situation. Beim »reifen« Farbton wissen Sie sich selbst zu führen, und Sie können dies auch anderen beibringen.

## Junges Violett:

- Die Lehre. Zur Schule gehen.
- Das Lernen lernen.
- Initiative zeigen.
- Führung durch andere zulassen.
- Unterwerfung.
- Sich auf eine höhere Instanz verlassen.
- Bedürfnis nach dem Rat anderer, nach einer Autorität, um sich zurechtzufinden.

- Mangel an Konsequenz.
- Auf der Suche nach einem »Vater«, einem Meister, einem Guru.
- Rebellion gegen die Autorität.

## Frisches Violett:

- Das Spiel beherrschen.
- Fast alles »im Griff« haben, da man seine Möglichkeiten kennt.
- Die Kunst beherrschen, sich selbst etwas beizubringen.
- Jedes Unterfangen glückt.
- Sein eigener Chef sein.
- Konsequenz, Disziplin und Verantwortungsbewusstsein.
- Entscheidungskraft ist die Stärke.

## Reifes Violett:

- Der unbestrittene Häuptling.
- Die Kunst beherrschen, anderen das beizubringen, was man gerade selbst am Lernen ist.
- Ein Beispiel geben.
- Sinn für Prioritäten.
- Güte.
- Kenntnis und Beherrschung seiner guten und schlechten Seiten.
- Allem zum Trotz den eingeschlagenen Weg verfolgen.
- Sinn für das Rituelle, das Spirituelle und das Heilige.
- Spirituelle Berufung.
- Kompromisslosigkeit als Weg zur Perfektion.

# 2 – Die Farben der Transformation

Elf Farben zeigen Ihnen die Erfahrungsfelder, die Sie auf dem Weg vom Schatten zum Licht durchqueren müssen.

◆ Weiß

- Beginn des Zyklus.
- Etwas Neues entsteht: Geduld!
- Ruhe!
- Das ist noch nicht das Thema.
- Innehalten, um zu »sehen«, sich aber noch nicht dazu äußern: Es ist noch zu früh! Reifen lassen!
- Es gibt etwas wie Widerstand und Zurückhaltung.
- Etwas verhindert das Vorgehen!

# ◆ Hellgrau

- Verwirrung.
- Zustand des Zweifelns, der das Infragestellen kultiviert und den Glauben nährt.
- Es ist besser, sich nicht zu äußern.
- Zögern mangels Klarheit.
- Skeptische Natur, die ihre Zeit damit verbringt, das Für und Wider abzuwägen.
- Kopfzerbrechen, Fragen ohne Hoffnung auf eine Antwort.
- Aufgrund dieser Widersprüche Unschlüssigkeit und Nichtwissen.
- Der freie Wille.


# ◆ Mausgrau

- Transformation. Anfangsphase für jede Veränderung.
- Vollkommene Undurchsichtigkeit, Realitätsverlust und Verlust der Sicht der Dinge.

- Jede Veränderung setzt das Verwischen früherer Spuren voraus.

- Vollendung, um das Detail bemüht sein.

- Schwierigkeit, etwas zu Ende zu bringen.

- Was noch zu tun bleibt und was man sich gerne ersparen würde.

- Tiefes Unwohlsein, Pessimismus.

- Nichts geht mehr!

- Die Sache hat weder »Hand noch Fuß«.

## ◆ Schwarz

- Zyklusende oder »kleiner Tod«. Etwas ist zu Ende gegangen, dies muss nun verarbeitet werden.

- Schade, es ist zu spät, es gibt keinen Weg mehr zurück!

- Es fehlt jeglicher Anhaltspunkt – wie in der Nacht, in der nichts zu sehen ist.

- Ängste tun sich auf.

- Etwas den Todesstoß versetzen.

- Es ist nichts mehr zu erwarten.

- Die Angelegenheit ist beendet!

- Ende eines Zyklus, ohne davon auszugehen, dass ein neuer folgt.

- Der Tod der Angst – wie die Angst vor dem Tod.

- Alles hat ein Ende.


# ◆ Dunkelpurpur

- Selbstverleugnung.

- Erfahrung der Fähigkeit zur Selbstzerstörung.

- Eine Sackgasse. Stillstand.

- Es gilt, keine Zeit zu verlieren.

- Dringlichkeit.

- Notwendigkeit zu kämpfen.

- Schwierigkeiten.

- Entdecken, was das Leben behindert.

- Übertreiben und nicht aufhören können.

- Mangelndes Verstehen, um keine Veränderung zu ermöglichen.

- Etwas fürchten, vor dem man Angst hat.

## ◆ Braun

- Eine frühere Angelegenheit.

- Liebe zur Vergangenheit.

- Eine drückende Last.

- Fähigkeit, materielle Dinge anzuhäufen (Festhalten).

- Sich von den Fesseln der Vergangenheit und überflüssigen materiellen Gütern befreien, die nicht mehr wirklich gebraucht werden (Loslassen).

- Eine scheinbar unangenehme, aber notwendige Phase, um zu etwas Neuem vorzustoßen.

- Sich von Groll und von allem Belastenden befreien.

- Typische Farbe für therapeutische Ansätze, die darin bestehen, alle bisherigen Tiefschläge des Lebens verstehen zu lernen.

## ◆ Khaki

- Genaue Durchsicht, um zum Wesentlichen zu kommen.
- Phase der »großen Reinigung« durch Klärung von unklaren, affektiven Kompromissen, die entstanden waren aus dem Bedürfnis zu gefallen oder aus Angst, nicht gut angesehen zu werden.
- Jedes Mal, wenn ein »Ja« ein »Nein« bedeuten sollte und umgekehrt!
- Eine Bindung ohne Liebe.
- Erpressung und Kompromisse.
- Drang nach Vollkommenheit, um einen Mangel zu verstecken.

- Jede Störung von Projekten wird als unerträglich empfunden.
- Der Krieg und alles, was ihn begünstigt.

## ◆ Rosa

- Wiedergeburt.
- Auf dem Weg der Genesung.
- Eine neue Inspiration, die die Lebensenergie weckt.
- »Auf dem Weg« sein.
- Leben in sich spüren und dies nach innen und außen strahlen lassen.
- Es geht ab jetzt wieder aufwärts.
- Heilung findet statt, auch wenn es noch keine Anzeichen gibt: Geduld.
- Körperliches Unwohlsein (Zeichen für Heilung).

# ◆ Fuchsia

- Eine Wunde.

- Eine tiefgehende Verletzung, eine alte Wunde schließt sich erneut.

- Etwas ist zu Ende: Man bemerkt, dass Heilung eingesetzt hat.

- Überlegenheitskomplex.

- Nicht auf seinem rechten Platz sein.

- Die Latte zu hoch ansetzen.

- Unablässig urteilen.

- Wonach man sich am meisten sehnt, ohne es sich selbst in aller Einfachheit eingestehen zu können.

- Rot vor Scham.

- Versuchung.

- »Das tut man nicht!«

## ◆ Granat

- Transmutation.

- Etwas auseinandernehmen und wieder neu zusammenbauen.

- Einrichten eines neuen Programms.

- Ein Kapitel geht zu Ende, ein neues wird aufgeschlagen.

- Einsetzen eines Prozesses, der zu einem radikalen Wandel des Daseins führt.

- Die Nerven werden auf eine harte Probe gestellt, denn es gilt abzuwarten, ohne sich zu rühren. (Ein neuer Weg ohne Möglichkeit zur Umkehr.)

## ◆ Türkis

- »Das Unwahrscheinliche.«

- Das Wunder, das Glauben erweckt.

- Unerklärlicherweise, dank der Kraft der Liebe, wird etwas, das zerbrochen war, wieder gekittet.

- Die »Gabe« des Heilens.
- Befreiung von einer großen Emotion.
- Aktive Teilnahme an der Verwirklichung eines planetarischen Projektes.

# 3 – Die Farben des Friedens

Diese sieben Farben haben alle etwas mit »Loslassen« zu tun. Es handelt sich um außergewöhnliche Farben.

## ◆ Sand

- Ferien! Ruhe und Frieden.
- Man ist verfügbar, frei.
- Bedürfnis, eine »ruhige Kugel zu schieben«.
- Sich Zeit nehmen. Bilanz ziehen.
- Wohlverdiente »Ruhe des Kriegers«.
- Wunschlos glücklich.

- Sie ziehen Bilanz.
- Dinge so, wie sie kommen, nach und nach erledigen.
- »Alles bestens!«
- Wenn dieser Zustand zur Gewohnheit wird, kommen Monotonie und Langeweile auf.


## ◆ Kupfer

- Eine außergewöhnliche Kraft zu handeln.
- Eine solche Energie erfordert eine große Selbstbeherrschung, damit sie sich kontrolliert entfalten kann.
- Eine Kraft, die einem Zauberstab entsprungen zu sein scheint.
- Ausgeprägter Gerechtigkeitssinn.
- Das Bewusstsein läuft auf »Hochtouren«.
- Extreme Situationen ohne Recht auf Irrtum.
- Mit Glacéhandschuhen anfassen!

- Der Magier, der Streiche spielt, um etwas verständlich zu machen.

## ◆ Silber

- Gefahr laufen, nichts von sich aus zu unternehmen: Vertrauen!
- Nichts zu befürchten! Es wird auf einem silbernen Tablett gereicht.
- Jemand hört einem zu und versteht einen.
- Der andere hat recht, man sollte auf ihn hören!
- Eine nicht bewusste »Fähigkeit«.
- In sich hineinhorchen oder meditieren.
- Dies ist der Augenblick, um sich seinem »Führer«, seinem »inneren Bewusstsein«, anzuvertrauen, denn nun wird man dabei beschützt und begleitet. (Günstiger Augenblick für das »Göttliche«, mit uns in Verbindung zu treten.)

# ◆ Gold

- Schutz bei Unternehmungen.

- Die Möglichkeit, etwas ohne Gefahr in Angriff zu nehmen.

- Heilsame Hilfe bei allem, was man in Angriff nimmt.

- Der Glaube erlaubt es, den sicheren Boden zu verlassen und sich ins Leere zu stürzen, ohne Furcht vor eventuellen Risiken.

- Gunst und Gnade beschützen bei allen Unternehmungen.

- Das Risiko eingehen loszulegen.

- Sich einem »höheren Bewusstsein« verbunden fühlen, das bei der Ausführung einer »Mission« hilft und lenkt.

## ◆ Regenbogenfarben

(Karte mit Farbpunkten)

- Alle Möglichkeiten.
- Alles ist möglich, Positives und Negatives.
- Trotz aller Verschiedenheit, jeder hat seinen Platz!
- Egal, was man auch tut, die Erfahrung ist immer die gleiche, denn sie steht allen zur Verfügung.
- Abenteuerlust, um neue Leidenschaften zu entdecken.
- Man will zu viele Dinge unternehmen: Vorsicht, Risiko sich zu verzetteln.
- Gruppenbewusstsein, Gemeinschaft, Sinn für das Allumfassende.

## ◆ Transparent

(Karte mit schwarzen Punkten)

- Transparenz.
- Man hat es nicht zu wissen.

- Das ist völlig neu.

- Ins Unbekannte vordringen.

- Einfach loslassen.

- Die Fähigkeit, vollkommen abzuschalten.

- Alle Bezugssysteme vergessen.

- Es geht weder um Wissen noch um Erinnern, aber es gibt auch nichts zu verbergen!

- Ist nicht da!

- Das Ziehen dieser Karte als genaue Antwort auf eine bestimmte Frage kann bedeuten, dass es hierfür keine Antwort gibt.

♦ Lila

- Ironie des Schicksals.

- Etwas Überraschendes, Unerwartetes geschieht, das mit Humor zu nehmen ist.

- Bedeutung der Dinge relativieren.

- Gottes »Scherze« treffen einen immer wieder!

- Alle möglichen Geschenke des »Göttlichen«.
- Gottes Wille geschehe!
- Auflösung eines karmischen Knotens. *(Ein karmischer Knoten entspricht einer in anderen Leben erworbenen »Blockade«, die man alleine nicht lösen kann, da deren Grund nicht bekannt ist.)*

* * *

*Und nun – viel Spaß bei Ihrem Spiel!*

# Legesysteme

# Legesysteme

In diesem dritten Kapitel schlage ich Ihnen ein paar Arten von Farbkartenziehungen vor, um Ihnen so mögliche Fragestellungen aufzuzeigen.

Die Interpretation einer Ziehung erfordert Fingerspitzengefühl und Intuition. Bei jeder Ziehung müssen Sie für die gezogene Farbe die richtige Erklärung finden und, wenn Sie mehrere Farbkarten gezogen haben, diese dann im Zusammenhang mit den anderen Karten sehen.

Die Farben, die ich für die Beispiele genommen haben, sollen Ihnen eine Vorstellung davon vermitteln, wie Sie bei der Entschlüsselung vorgehen können. Die individuelle Entschlüsselung wird jedoch jeder für sich persönlich vornehmen müssen. Die Interpretation der folgenden Karten ist also nur als Beispiel anzusehen.

# Ihr innerer Zustand

Die Karten liegen verdeckt vor Ihnen; nehmen Sie aus jedem Spiel (rote oder goldene Rückseite) eine Karte und entdecken Sie deren Farbe. Beide Karten zeigen den Zustand an, in dem Sie sich zur Zeit befinden.

Das rote Spiel nennt die Situation, das goldene zeigt die Art, wie Sie die Situation durchleben.

## Beispiel:

Rotes Spiel – *junges Gelb*:
Mangel an Selbstvertrauen.

Goldenes Spiel – *junges Violett*:
Sie benötigen Führung.

## Interpretation dieser Ziehung:

Beobachten Sie, wie Ihr Mangel an Selbstvertrauen sich in Ihrem Bedürfnis nach einer festen Führung ausdrückt.

# Ihre Wohnung

Denken Sie an Ihr Zuhause und ziehen Sie pro Zimmer jeweils eine Karte aus dem roten Spiel. Danach ziehen Sie aus dem goldenen Spiel eine einzige Karte für das gesamte Haus oder die Wohnung.

Jede der gezogenen Farbkarten beschreibt, wie Sie sich im jeweiligen Zimmer fühlen, sobald Sie sich dort aufhalten.

Es ist durchaus möglich, dass Sie eine Überraschung erleben ...

## Beispiel:
*Rote Karten:*

> 1 – »Badezimmer« –*Silber.*
> Der ideale Ort, um in sich zu gehen!

> 2 – »Schlafzimmer« – *frisches Indigo:*
> Hier bin ich im Hier und Jetzt.

3 – »Wohnzimmer« – *frisches Gelb*:
Das könnte mein Büro sein. Hier entwickle ich Organisationssinn.

4 – »Eingang« – *junges Orange*:
Ich mache mir eine kleine Freude, indem ich nach Hause komme.

5 – »Wohnzimmer« – *Sandfarben*:
Hier ruhe ich mich aus.

6 – »Küche« – *junges Grün*:
Ich bin froh darüber, mir hier kleine Köstlichkeiten zuzubereiten.

7 – »Toilette« – *Fuchsia*:
Hier heile ich meine Wunden.

*Goldene Karte:*

»Haus« – *reifes Blau*:
Hier fühle ich mich inspiriert und kreativ.

**Schlussfolgerung:**

Je nachdem, in welchem Zimmer Sie sich aufhalten, sind Sie in einer anderen Stimmung. Wenn Sie sich also in einem der Zimmer nicht wohlfühlen, so wissen Sie nun, woran dies liegt.

# Sind Sie sich Ihres Wertes bewusst?

*Ziehung von 4 Farbkarten*

Beispiel:

1 – Der Bereich, in dem Sie am meisten Selbstvertrauen besitzen – *Weiß:*
Ich muss mich nur in Geduld üben.

2 – Was Sie hemmt und was Sie zum völligen Versagen bringt – *junges Rot*:
Ich muss nur etwas beginnen.

3 – Die Situation, die es Ihnen erlaubt, Ihre
   Rolle vollkommen auszufüllen – *Gold:*
   Ich muss nur Risiken eingehen, ohne mir
   Fragen zu stellen.

4 – Die Ebene, mit der Sie noch zu sehr verhaf-
   tet sind, hindert Sie daran, sich richtig ein-
   zuschätzen – *junges Indigo:*
   Ich muss mir nur dessen bewusst werden,
   was ich tue.

Was spüren Sie? Lassen Sie diese gezogenen Karten
einige Tage ruhen, dann legen Sie sie wieder in das
Spiel zurück. Ziehen Sie nun erneut zwei Karten.

1 – Was haben Sie von dem verstanden, was
   Sie an sich ändern sollten? – *Transparent:*
   Auf etwas Neues zugehen; ich muss nicht
   mehr unbedingt wissen, was ich mache.

2 – Was ist nun Ihr Wert? – *Sand:*
   Ich fühle mich gut und frei wie im Urlaub.
   Alles läuft blendend.

# Das Wort erteilen

*Ziehung mit 2 Farbkarten*

Sie haben gewisse Schwierigkeiten mit einem Nachbarn. Sie verstehen die Reaktion Ihres Kindes nicht. Sie würden gerne mit einem Tier oder einem Objekt, an dem Sie hängen, kommunizieren.

Diese Ziehung erlaubt es Ihnen zunächst zu wissen, wie dieses Kind, dieses Tier oder dieses Objekt Sie sieht – und dann, wie Sie Ihrerseits dies alles sehen und erleben.

## Beispiel:
Eine Pflanze, an der Ihnen viel liegt, scheint einzugehen. Was geschieht genau?

1 – Wie hat diese Pflanze Sie empfunden?
Goldenes Spiel – *Sand*:
Verfügbarkeit, Sie sind ein ruhiger Mensch.

2 – Was bedeutet diese Pflanze für Sie?
Rotes Spiel – *Schwarz:*
Sie haben Angst, dass sie absterben könnte.

## Schlussfolgerung:

Haben Sie keine Angst, Sie kümmern sich, so gut es geht, um diese Pflanze.

# Persönlichkeitstest

*Ziehung mit 12 Karten*

Die Ziehung der Farbkarten ermöglicht es Ihnen, Ihre Stärken und Ihre Schwächen besser kennenzulernen.

1 – Sie sind vor allem wie? – *junges Blau*:
Diskret, Sie verstehen es, mit wenigen Worten Wesentliches zu sagen.

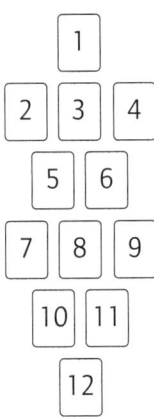

2 – Ihre größte Stärke? – *frisches Orange:*
Spontaneität, Sie haben eine tiefe Lebensfreude in sich und sind in der Lage, sich
selbst Freude zu bereiten.

3 – Der Bereich, in dem Sie am natürlichsten
sind? – *Schwarz:*
In Ihren Ängsten sind Sie am natürlichsten.

4 – Auf was gehen Sie zu, was versuchen Sie zu
erreichen? – *Fuchsia:*

Sie sind bereit, Ihre Wunden und Ihre Verletzungen zu betrachten, da, wo sie Ihrer Meinung nach sind.

5 – Ihre derzeitigen Sorgen? – *frisches Indigo:*
Sich verantwortlich fühlen, erfassen, dass nichts in Ihrem Leben ein Produkt des Zufalls ist.

6 – In welchem Bereich erleben Sie diese Sorgen? – *reifes Indigo:*
Sie möchten sich gerne der Elemente bewusst werden, die Sie schaffen.

7 – Was erwartet die Jetztzeit von Ihnen? – *junges Grün:*
Alles treibt Sie dazu, Ihre Jugend, Ihren Zustand des Öffnens wiederzufinden.

8 – Mit welchem sicheren Wert fühlen Sie sich verbunden? – *Braun:*
Sie hängen an materiellen Gütern und am Erbe Ihrer Vorfahren.

9 – Wie sehen die anderen Sie? – *Sand:*
Sie sehen Sie wie im »Urlaub«, als einen Menschen, der sich reichlich Zeit nimmt.

10 – Wofür sind Sie geschaffen, was ist Ihre Stärke? – *Weiß:*
Ihre Stärke ist die Geduld und die Fähigkeit, die Dinge reifen zu lassen.

11 – Wie sehen Sie den anderen, was erwarten Sie von ihm? – *Silber:*
Sie leihen ihm Ihr Ohr, und voller Vertrauen sehen Sie jeder Begegnung entgegen.

12 – Kurz gesagt, Sie sind …? – *Reifes Gelb:*
Gefestigt, Sie lieben Ihre Vision von der Welt.


Diese Antworten spiegeln den Zustand wider, in dem Sie sich im Augenblick der Ziehung befinden. Sie können diesen Persönlichkeitstest auch bei einer anderen Person ausprobieren, denn es ist recht amüsant, so seine Freunde zu entdecken oder Geheimnisse herauszufinden!

# Kennen Sie Ihr Talent?

*Ziehung von 4 Farbkarten*

Talent ist eine Fähigkeit, die Ihnen gegeben ist. Sie müssen diese nicht erst erwerben, sondern Sie müssen Ihr Talent nur als solches erkennen.

## Ziehen Sie drei Karten aus dem goldenen Spiel.

1 – Ein schlummerndes Talent, eine Ebene oder eine Situation, in der sich Ihr Talent offenbart – *junges Rot:*
Das Existenzminimum.

2 – Die Natur Ihres Talents – *frisches Grün:*
Die Fähigkeit, sich zu binden, zu lieben und auch zu teilen.

3 – Der Bereich, in dem Sie Ihr Talent am besten einsetzen können – *Granat:*
Gehen Sie zu etwas anderem über.

## Synthese dieser Ziehung:

Ihre Begabung liegt darin, zu den ärmsten Personen ein Beziehung aufzunehmen, indem Sie ihnen die Mittel geben, »zu etwas anderem überzugehen«.

4 – Wie gut beherrschen Sie Ihr Talent?
Ziehen Sie zur Beantwortung dieser Frage **eine Karte aus dem roten Spiel,** denn diese zeigt Ihnen genau auf, wie gut Sie Ihr Talent beherrschen ...

Ziehen Sie dieselbe Farbe wie oben unter Nr. 2, dann beherrschen Sie Ihr Talent sehr gut! Wenn Sie diesmal allerdings eine andere Farbe ziehen, so können Sie an dieser Farbe sehen, wie weit Sie in der Beherrschung Ihres Talents fortgeschritten sind.

## Beispiel Hellgrau:

Sie zweifeln an Ihrer Beziehungsfähigkeit oder an Ihrer Bereitschaft, Beziehungen einzugehen.

# Ein Problem
## verstehen und lösen

Sie können die Farbkarten ebenfalls befragen, um eine Situation oder ein Problem zu verstehen.

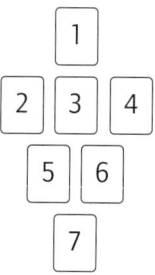

## Beispiel:

Eine Person leidet unter Rückenschmerzen.

1 – Grund des Problems – *junges Orange:*
Sie haben erhebliche Schwierigkeiten, Ihren Körpers zu fühlen, und können sich deshalb mit ihm auch nicht richtig in Bewegung setzen.

2 – Woran es mangelt – *Granat:*
Ihr Problem steht in Zusammenhang mit Ihrer mangelnden Fähigkeit, sich Neuem zu öffnen. Sie tun sich mit Veränderungen schwer.

3 – Ursache des Problems – *Kupfer:*
Ihr Körper erfährt die Kraft der Energie des Kupfers.

4 – Die Angst – *Braun:*
Sie haben Angst, sich von eingefahrenen Verhaltensmustern zu lösen, die noch aus Ihrer Vergangenheit stammen.

5 – Die Frage, die Sie sich in dieser Situation stellen sollten – *frisches Blau:*
Sind Sie aufrichtig und können Sie leicht beschreiben, was in Ihnen vorgeht?

6 – Die Lösung oder was Sie tun sollten, um das Problem zu bewältigen – *reifes Orange:*
Reagieren Sie, lassen Sie zum Beispiel eine aufgestaute Wut heraus!

7 – Die Lehre, die Sie aus der Situation ziehen
können – *Hellgrau:*
Ihre Ideen sind verschwommen, Sie haben
keinen klaren Durchblick.

## Schlussfolgerung:

Sie leiden unter Ihrer Unfähigkeit, die in Ihnen auf-
steigende Energie ohne Einschränkung wirken zu
lassen! Wenn diese Energie aufgehalten wird, ver-
wandelt sie sich in eine Blockade, die sich im Körper
als »Schmerz« bemerkbar macht.

# Eine Situation meistern

*Ziehung von 4 Farbkarten*

Durch diese Ziehung verstehen Sie besser, wie man
eine Situation entwirren und damit leichter erfassen
kann.

Nehmen Sie drei Karten und legen Sie die erste in die Mitte, die zweite links von der ersten, die dritte rechts von der ersten ab.

Bedeutung dieser Kartenlegung:

2 – Der Motor – die Energie, von der Sie angetrieben werden, das eingesetzte Potenzial, die Grundlage, auf der die aktuelle Situation aufbaut.

1 – Ihre derzeitige Motivation – das Engagement. Die Bedeutung der Situation, die Sie gerade erleben und was sich dabei abspielt.

3 – Das Resultat, das aus dieser Situation entstehen wird, seine konkrete Umsetzung, das angepeilte Ziel und seine Verwirklichung.

**Beispiel:**

2 Motor: *reifes BLAU*

1 Motivation: *frisches VIOLETT*

3 Resultat: *frisches ORANGE*

Das Potenzial (2) der aktuellen Situation zeigt Ihre ausgeprägte Fähigkeit auf, selbst zu agieren sowie im richtigen Moment am richtigen Platz zu sein. Die Motivation (1) zeigt, dass Sie wissen, was Sie zu tun haben. Sie haben alles im Griff. Die Zukunft (3) ist vielversprechend, voller Freude.

# Harmonie im Zusammensein

Sie können den Farbkarten folgende Fragen stellen:

– Was gebe ich meinem Partner?

– Was gibt mir mein Partner?

– Wie muss ich mich verhalten, um seinen Be-
dürfnissen gerecht zu werden?
– Was bedeuteten die Schwierigkeiten, die wir
zur Zeit in unserer Beziehung haben?

Wenn Sie Ihre Partnerbeziehung verbessern möchten,
so ist die folgende Ziehung »Geschenk und Lehre
des Tages« hierzu am besten geeignet.

Sie können diese Ziehung für sich selbst durchführen
oder speziell für die Partnerbeziehung. Die Karte für
»Lehre« zeigt Ihnen an, was der Tagesablauf Ihnen
gemeinsam verraten möchte.


## ◆ Geschenk und
Lehre des Tages

Diese Ziehung ermöglicht es Ihnen am besten, die
Energie der Farben sowie den Erfahrungswert jeder
Farbe zu verstehen. Jeder Tag entspricht einer gewissen

Erfahrung, die es zu erleben gilt; diese wird von der Energie einer Farbe bestimmt, die ihrerseits eine gewisse Vorhersagekraft für die Zukunft hat.

Wenn Sie die Energien des Tages, des Monats oder des Jahres kennen, können Sie Ihr Verhalten entsprechend abstimmen, indem Sie sich den jeweils richtigen Zeitpunkt aussuchen.

Ihr Tagesablauf ist von Ihrer Persönlichkeit geprägt. Wenn Sie die Ziehungen der Farbkarten über einen ausreichend langen Zeitraum täglich durchführen, können Sie damit Ihren Energiekreislauf, vergleichbar mit einem Biorhythmus, kennenlernen. Gleichzeitig können Sie so Ihr Vertrauen in die Ereignisse, die auf Sie zukommen, festigen.

Unter dem Namen »Geschenk« erscheint hier die »empfangene« Energie, die die Erfahrung des Lebens repräsentiert.

Die »Lehre« ist das, was in die Tat umgesetzt werden muss. Sie stellt auf gewisse Weise die günstige Gelegenheit des Tages oder des Zeitraums dar, nach dem Sie fragen.

Bei dieser Ziehung ist es wichtig, dass Sie genau beobachten, ob Sie das, was Ihnen im Hier und Jetzt widerfährt, annehmen oder ablehnen werden.

Mit jedem Tag ist Ihnen eine gewisse Energie zum Leben gegeben. Diese äußert sich jedoch nicht in Begriffen wie »gut« oder »schlecht«, sondern in Form von Erfahrungen, die man macht oder auch nicht. Es gibt im Grunde keine Fatalität, sondern nur Erfahrungen, die man einfach machen muss.

## 1. Beispiel:

1 – Rotes Spiel – Geschenk – *Gold:*
Sie werden sich selbst überraschen, dass Sie größere Risiken eingehen als gewöhnlich.

2 – Goldenes Spiel – Lehre – *Transparent:*
Die Farbe Transparent suggeriert das Unbekannte, das Loslassen. Könnte es Ihnen in den Sinn kommen, etwas in Richtung »Unbekanntes« zu wagen?

Wenn Sie bei der Karte »Geschenk« eine mehr verinnerlichte Farbe ziehen, so ist dies nicht der geeignete Tag, etwas Bedeutendes zu unternehmen! Ganz im Gegenteil: Es ist der richtige Zeitpunkt, eine Entscheidung reifen zu lassen.

Stellen Sie sich vor, wie Ihnen das Legen der Farbkarten bei all Ihren Unternehmungen zum Erfolg verhelfen kann!

## 2. Beispiel:

1 – Rotes Spiel – Geschenk – *junges Rot:*
Beobachten Sie heute, wie Sie Ihre Bitte um Hilfe akzeptieren können.

> 2 – Goldenes Spiel – Lehre – *Dunkelpurpur:*
> Das, was Sie zermürbt und am Leben hindert.

Wenn Sie um Hilfe bitten, werden Sie schnell herausfinden, was genau in Ihrem tiefsten Innern Ihr Leben beeinträchtigt.

## ◆ Geschenk und Lehre des Monats

Beispiel:

> 1 – Rotes Spiel – Geschenk – *frisches Rot:*
> Die Fähigkeit, Verantwortung zu übernehmen und die Dinge selbst in die Hand zu nehmen.

> 2 – Goldenes Spiel – Lehre – *Braun:*
> Die Verbindung zu materiellen Dingen und zur Vergangenheit.

In diesem Monat sollten Sie unbedingt beobachten, wie Sie die materiellen Probleme meistern, von denen Sie wissen, dass niemand dies an Ihrer Stelle tun wird. Nutzen Sie Momente des Alleinseins, um sich mit materiellen Fragen auseinanderzusetzen.

Wenn Sie dieselbe Farbe für »Geschenk und Lehre« ziehen, so können Sie davon ausgehen, dass Sie die betreffende Farbe wahrscheinlich voll ausleben werden.

## ◆ Geschenk und Lehre des Jahres

Beispiel:

1 – Rotes Spiel – Geschenk – *frisches Orange:*
In diesem Jahr ist Ihre Basisenergie eng mit Spontaneität und Vergnügen verknüpft. Mit dieser guten Energie fühlen Sie sich von Ihrer Lust angestachelt und sind in der Lage, sich spontan in Bewegung zu setzen.

2 – Goldenes Spiel – Lehre – *frisches Violett:*
Sie leben die Fähigkeit, Ihr Leben geschickt zu lenken.

Da es Ihnen dieses Jahr möglich ist, mit Ihrem Leben zu »spielen«, sollten Sie daran denken, auch in Ihre Entscheidungen und die Wahl Ihrer Orientierungen mehr Lust und Freude einfließen zu lassen.

# Die Wunde

Wer das Thema »Wunde« betrachten will, muss fähig sein, vollkommen zu akzeptieren und in aller Klarheit zu sehen, was an einem nicht stimmt oder einem nicht gefällt.

Der Kontakt mit der Wunde erlaubt es zu erkennen, was wir uns im Namen der guten Moral oder von Verboten selbst untersagen. Diese Wunde kann erst heilen, wenn wir unsere Tabus klar erkennen.

Die Akzeptanz, diese Erfahrung machen zu wollen und so bis auf den Grund der Frage zu gehen, kann schwierig, ja sogar schmerzhaft sein. Aber danach werden wir eine enorme Energie entwickeln und das Ergebnis dieser Anstrengung kann so etwas wie Wiedergeburt, ja sogar Heilung sein.

Entspannen Sie sich vor der Ziehung dieser Farbkarten, aber konzentrieren Sie sich gleichzeitig darauf, dass Sie nun in Kontakt mit Ihrer Wunde treten werden.

Ziehen Sie eine Karte aus dem goldenen Spiel. Die gezogene Farbe zeigt das Thema Ihrer Wunde.

Unter den Schlüsselsätzen, die in Kapitel II gegeben werden, ist bestimmt ein Satz, der Ihnen missfällt, wogegen Sie aufbegehren oder den Sie in Frage stellen! Und genau über diesen Schlüsselsatz sollten Sie meditieren! Beobachten Sie Ihre inneren Empfindungen, erfahren Sie, warum Sie ihn ablehnen und was Sie daran besonders berührt.

**Beispiel 1:**

Wunde – *reifes Violett:*

Sie können wahrscheinlich steife Menschen nicht ertragen, aber auch keine Chefs oder keine Art von Autorität.

Die Schwierigkeit liegt nicht darin, eine solche Tatsache zu erkennen, sondern in der Akzeptanz Ihrer ablehnenden Haltung, die Ihnen den Zugang zu Entscheidungsposten oder zur Macht überhaupt verbietet.

Beobachten Sie genau, aus welchem Grund Sie sich das Befehlen versagen! Wovor Sie fliehen möchten oder auf welche Weise Sie diese Macht ablehnen.

Würden Sie nicht in Ihrem tiefsten Inneren, wenn Sie sich wirklich gehen lassen könnten, davon träumen, selbst Macht auszuüben?

In Wirklichkeit träumen Sie davon, selbst ein Chef zu sein!

**Beispiel 2:**

Wunde – *Hellgrau*:

Sie können zweifelnde Menschen nicht ertragen.

Möchten Sie sich in Wirklichkeit nicht selbst verbieten, an etwas zu zweifeln? Denn im Grunde sind Sie selbst ein potenzieller Zweifler.

# Angst

Das, wovor wir Angst haben, ist oft eine Falle, die uns daran hindert, das auszuprobieren, was uns am meisten interessieren würde. Angst verbirgt ein Verlangen.

Nehmen Sie aus jedem Spiel eine Karte.

Das rote Spiel zeigt Ihnen die Aktion auf, die Sie aus Angst nicht ausprobieren möchten, und im goldenen Spiel sehen Sie das, was Sie zu empfinden fürchten. In Wirklichkeit haben Sie vielleicht Angst vor dieser

Sache, weil Sie vielleicht Angst haben ... davor keine Angst zu haben!

## Beispiel:

1 – Rotes Spiel – Angst vor dem Handeln – *frisches Rot:*
Sie haben Angst, Verantwortung zu übernehmen, weil Sie in Wirklichkeit Angst haben, plötzlich festzustellen, dass Sie dies gar nicht wollen.

2 – Goldenes Spiel – Angst zu fühlen – *reifes Blau:*
Sie verfügen über eine bemerkenswerte Intuition. Aber Sie haben Angst, sich diese entwickeln zu lassen, weil Sie in Wirklichkeit über gar nicht so viel verfügen wollen.

# Der Mangel

Mangel bedeutet ein Grundbedürfnis, das Sie selbst nicht befriedigen können. Wenn Sie das Gefühl haben, es mangelt Ihnen an Nahrung, haben Sie immer Hunger.

Mangel äußert sich durch einen Eindruck von Überfluss. Denn um einen Mangel auszugleichen, tun wir alles, um in uns das Gefühl zu erwecken, dieser Mangel existiere gar nicht.

Der Grund dieses Mangels kann in der fehlenden Fähigkeit liegen, das Gewünschte in Ihr Leben zu integrieren.

1 – Ziehen Sie eine Karte aus dem roten Spiel. Diese Karte entspricht Ihrem Mangel – *junges Orange:*
Ihr Mangel liegt darin, dass Sie sich keine »kleinen Freuden« gönnen wollen oder dies

einfach vergessen. Sie sind darüber sehr besorgt und versuchen zu erkennen, wie diese Haltung Ihre Gedanken und Ihr Handeln beeinflusst.

Zeigen Sie anderen, was Sie sich anzueignen versuchen ...

2 – Ziehen Sie eine Karte aus dem goldenen Spiel.
Diese Karte entspricht dem Hilfsmittel, das es Ihnen ermöglichen wird, Ihren Mangel zu integrieren – *frisches Grün:*
Teilen, Liebe. Teilen Sie mit Ihren Freunden Ihre Augenblicke voll »kleiner Freuden«, und füllen Sie diese mit Liebe.

# Beschleunigen und Bremsen

Rotes Kartenspiel: beschleunigen

> Das, was Sie zum Handeln antreibt; etwas, das Sie derart mit links bewältigen, dass alles leicht erscheint.

> Sie können sich auf Ihre Kraft, Ihre Geschicklichkeit und Ihre Energie stützen.

Goldenes Kartenspiel: bremsen

> Die Grenze, an die Sie stoßen. Die Regel, die es Ihnen erlaubt, »Halt!« zu sagen.
> Die Verankerung, an der Sie sich festhalten und die Sie nicht loslassen wollen.

Die Ziehung dieser beiden Karten spiegelt Ihr Gleichgewicht wider, dass Sie gleichzeitig kräftigen und abschwächen müssen. Wenn Sie Ihre Bremse »kräftigen«, werden Sie bremsen. Wenn Sie Ihren Beschleuniger kräftigen, werden Sie Ihre Bremse lösen und so an Geschwindigkeit gewinnen.

Wie können Sie also Ihr Gleichgewicht herstellen? – Indem Sie gleichzeitig beschleunigen und bremsen!

## Beispiel:

Rote Karte – beschleunigen – *reifes Rot:*
Das wirklich Solide stimuliert Sie und treibt Sie an.

Goldene Karte – bremsen – *Silber:*
Sie bremsen, sobald Sie in sich gehen.

## Synthese:

Benutzen Sie die eine oder andere Möglichkeit des Vorgehens. Wenn Sie das Gefühl haben, es gehe zu schnell, horchen Sie in sich hinein, und wenn etwas zu langsam vorangeht, werden Sie konkret und aktiv.

# Sich wohlfühlen

Diese Ziehung führt Sie zu dem, was Sie benötigen, um sich wohlzufühlen. Sie sehen, wie Sie aus schwierigen Situationen herauskommen können, in denen Sie sich nur im Kreis gedreht haben. Sie haben gleichzeitig die Möglichkeit, sich über Ihre nur schlecht ausgeprägten Fähigkeiten klarzuwerden.

Rote Karte: Was Sie tun können, um sich besser zu fühlen.

Goldene Karte: Was Sie empfinden können, damit Sie sich besser fühlen.

## Beispiel:

Rotes Spiel – *Transparent*:
Sie gehen auf Unbekanntes zu.
Sehen Sie sich zur Abwechslung einen Zeichentrickfilm an, oder unternehmen Sie einen Ausflug aufs Land. Machen Sie etwas Neues!

Goldenes Spiel – *Türkis:*

Sie befreien sich von einer Emotion. Fühlen Sie Ihre Traurigkeit oder jede andere Emotion. Gestatten Sie sich also, sich »auszuweinen«!

# Die Energie Ihrer Gedanken

Diese Ziehung wird mit beiden Spielen vorgenommen.

Denken Sie an eine Person oder an eine Situation.

Die erste Karte (rot) zeigt, welche Art von Gefühl Sie in dieser Hinsicht erleben.

Die zweite Karte, die goldene Karte, zeigt die Art der Energie, die Ihre Gefühle steuert, wenn Sie an die Person oder Situation denken.

Beispiel:

Die Art von Gefühlen, die ich meiner Arbeit entgegenbringe – *reifes Gelb:*
Sie bleiben mit Ihren Gefühlen auf dem Boden.
Die Art von Energie, die ich entwickle, wenn ich daran denke – *reifes Grün*:
Die Fähigkeit, den anderen ohne Urteil so anzunehmen, wie er ist.

Diese Ziehung zeigt Ihnen, wie die Beziehung zwischen dem, was Sie denken, und dem, was Sie steuert, wirkt, was Sie als Information hierüber mitbekommen und auf welche Art und Weise wir mit den großen Ereignissen verbunden sind. Dies zeigt auch die Notwendigkeit auf, die Gedanken so neu zu ordnen, dass überall mehr Frieden einkehrt.

# Dialog mit dem Spiegel

Sie möchten wissen, wo Sie in Ihrem Leben stehen?
Die folgende Ziehung findet vor einem Spiegel statt.

Ziehen Sie drei Karten aus dem roten Spiel.

Es ist nun an der Zeit, Bilanz zu ziehen!

1 – Ihre Vergangenheit, woher Sie kommen
und was Sie integriert haben.

2 – Ihre Gegenwart, was Ihnen widerfährt, was
Sie zur Zeit lernen.

3 – Ihre Zukunft, was Sie vorbereiten und was
aus Ihrer Gegenwart wird.

Ziehen Sie nun drei Karten aus dem goldenen Spiel.
Dies ist der andere Teil von Ihnen, der Teil im Spiegel,
der Ihnen antwortet.

Was fühlen Sie? Besteht ein großer Unterschied zwischen den beiden Standpunkten?

Diese Übung mit dem Spiegel bringt eine andere Facette Ihres Selbst ans Tageslicht, eine Facette, die ohne den Spiegel unsichtbar wäre, aber eine eigene Wahrheit besitzt. Es handelt sich um das »tiefe Bewusstsein«.

## Dialog mit Ihrem inneren Ich

Breiten Sie Ihre Spiele vor sich aus und ziehen Sie aus jedem Spiel eine Karte. Die erste Karte aus dem goldenen Spiel drückt aus, wie Ihr inneres Ich Sie sieht. Die zweite Karte aus dem roten Spiel zeigt an, wie Sie dieses innere Ich wahrnehmen.

Goldenes Spiel – *junges Blau*:
Sie sind wenig geschwätzig.

Rotes Spiel – *Hellgrau*:
Sie wagen es nicht, sich auszudrücken.

Was Sie »aus Klugheit zu schweigen« bezeichnen würden, nennt Ihr inneres Ich »sich nicht auszudrücken wagen«, eine Nuance, die Sie in ihrer ganzen Tragweite erfassen sollten!

# Die Aufgabe Ihres inneren Ichs

Ziehen Sie aus dem goldenen Spiel eine Karte; diese zeigt Ihnen an, welches Ziel Sie auf der Erde erreichen sollen, wobei es die Aufgabe des inneren Ichs ist, Ihnen dabei zu helfen.

## Ein Beispiel:

Goldene Karte – *Regenbogenfarben*
Vorliebe für Abenteuer, um so neue »Leidenschaften« zu entdecken.

Das regenbogenfarbene innere Ich ist Ihr Beschützer; vertrauen Sie ihm bei Ihren vielleicht gefährlichen Unternehmungen, fragen Sie es um Rat!

# Fragen an das innere Ich

Möchten Sie noch einen Schritt weitergehen?
Schlagen Sie nun Ihrem inneren Ich vor, Ihnen die
Frage zu suggerieren, die Sie ihm stellen möchten.
Diese Frage wird alles für Sie Notwendige beinhalten.

Ziehen Sie die Karte mit der Frage aus dem goldenen
Spiel und die Karte für die Antwort aus dem roten
Spiel.

Die Antwortkarte zeigt Ihnen, was im Augenblick
vor sich geht und was Sie gerade erfahren oder
lernen. Das ist genau das, was Sie tun müssen oder
was Sie unbedingt verstehen sollten. Die Antwort
sollte nicht als Befehl verstanden werden, etwas Bestimmtes zu tun, sondern sie will nur die Bedeutung
des augenblicklich Erlebten erklären.

Überlegen Sie sich ein Thema, über das Sie gerne
eine »spirituelle« Erklärung hätten. Ziehen Sie eine

Karte aus dem goldenen Spiel. Diese Farbe drückt die wahre Frage aus, die Sie sich stellen sollten. Beobachten Sie, wie die gewählte Farbe die Gesamtheit Ihrer Frage beinhaltet. Nun formulieren Sie den Schlüsselsatz der gezogenen Karte, der Sie am meisten anspricht, in Form einer Frage. Dann ziehen Sie aus dem »roten« Spiel die Antwort.

# Entschlüsselung eines Zeichens

*Ziehung mit 7 Karten*

Sie haben etwas verloren? Ein Schmetterling ist zu Ihnen ins Haus geflogen?
Sie erhalten ein Geschenk? Sie haben Ihr Glas auf dem Tisch umgeworfen?

Jede Situation birgt eine Lehre, die es zu entschlüsseln gilt. Was bewirken diese Situationen, welche

Mitteilungen sind in ihnen versteckt? Stellen Sie einige Fragen – und Sie werden sehen, wie diese Ihnen zumindest einige Teilantworten bringen können.

## Beispiel:

Sie treffen während einer Reise »rein zufällig« einen alten Freund.

1 – Was bedeutet dieses Zeichen?
*Junges Grün*: Sie wagen es nicht, Ihre Gefühle zu zeigen.

2 – Was konnten Sie nicht sehen, das nun durch dieses Zeichen offenbart wurde?
*Junges Gelb:* Sie lassen sich zu sehr beeinflussen.

3 – Was müssen Sie in Ihrem Verhalten ändern?
*Frisches Violett*: Sie sollten versuchen, weniger steif und streng zu sein.

4 – Was verspricht eine solche Veränderung?
*Gold:* Sie werden sich geschützt fühlen und es deswegen nun wagen, Risiken einzugehen.

5 – Was ist das Wichtigste, das Sie nun unternehmen müssen?
*Reifes Gelb*: Haben Sie Vertrauen in Ihren Wert und erkennen Sie den Wert an, den andere Ihnen zuschreiben.

6 – Was dürfen Sie von Ihrer Handlung erhoffen?
*Junges Grün:* Sie öffnen sich und fühlen sich nun von anderen berührt.

7 – Der Engel, der Sie begleitet?
*Frisches Indigo:* Der Engel begleitet Sie, um Ihnen in Ihrem Leben im Hier und Jetzt zu helfen.

*Haben Sie Vertrauen zu ihm!*

Jessica Lütge

## Alles, was du über dich wissen musst

*222 Fragen zum Ausfüllen und Staunen*

Jeder von uns hat in seinem Leben schon unzählige unwichtige Fragen beantwortet. Doch was ist mit den wirklich wichtigen Fragen? Denen, die tiefer gehen, die zeigen, was uns ausmacht und wer wir tatsächlich sind?
Jessica Lütge schöpft aus ihrer psychologischen Praxis und hat 222 Fragen formuliert, deren Antworten erstaunliche Selbsterkenntnisse zutage fördern. Man lernt sich so von einer Seite kennen, die einem bisher verborgen blieb.
Entdecke dein neues Leben und sei neugierig, was in der nächsten Zeit alles passiert.

128 Seiten, 2-farbig, Flexocover · ISBN 978-3-89845-584-8 · € [D] 12,95

Berthold Gunster

## Ja-aber®-Entscheidungskarten

Wir alle werden tagtäglich mit kleineren und größeren Entscheidungen konfrontiert. Manchmal zweifeln oder zögern wir, wissen nicht, was wir tun sollen, oder flüchten uns in das bequeme »Ja, aber ...«. Wir sehnen uns nach Veränderung, doch die Angst vor Misserfolg bremst uns.

Um uns in diesen Zeiten des Zweifels zu helfen, hat Berthold Gunster seine »Ja-aber®-Entscheidungskarten« entwickelt. Die Arbeit damit ist einfach: Formulieren Sie eine klare, eindeutige Frage, konzentrieren Sie sich und ziehen Sie eine Karte – die Ihnen Ihre Frage sofort beantwortet.

78 Karten im Karton · EAN 4260075280-240 · € [D] 11,90

Renate Kast

## Runen als Spiegel des Selbst

*Zeichen auf dem Weg der Selbsterkenntnis*

Renate Kast lädt Sie ein, sich selbst mit den Runen einen
Schritt näher zu kommen. Hier erfahren Sie, wie Sie mit den
Runen umgehen, welche Bedeutung sie jeweils haben, wie sie
gelegt werden und wie man sich Runen selber machen kann.
Diese schlichten Zeichen sind perfekt dafür geeignet, mit der
eigenen spirituellen Dimension in Kontakt zu treten. Sie sind
Hilfsmittel, um die persönliche Intuition wahrzunehmen und
richtig zu interpretieren. Durch die jahrelange Erfahrung der
Autorin ist das Buch ein guter Begleiter zur Persönlichkeits-
analyse.
Ein Buch, das jeden in seinen Bann zieht!

168 Seiten, durchgehend farbig, gebunden, mit auffälliger Spiegelfolie
ISBN 978-3-89845-559-6 · € [D] 18,95